Comment Se Lancer Dans Le Trading avec 500 €

Traduit de l'anglais par

Carolane de Palmas, trader indépendant

Heikin Ashi Trader

SPLENDID ISLAND

Sommaire

1. Comment devenir un trader avec seulement 500 € en poche ?

Lorsqu'ils débutent, la plupart des nouveaux traders ont des petits comptes de trading. La somme initiale peut être différente mais presque tous ces traders ont commencé avec l'envie d'agrandir ce capital rapidement. Ce besoin est naturel et compréhensible mais l'envie irrépressible de faire de l'argent facilement est la raison de votre échec futur. Les débutants commencent avec 500 € ou 1 000 €. Ils savent qu'ils ne sont que des « petits poissons » sur les marchés financiers et ils veulent changer cela aussi vite que possible.

Ils pensent que la seule façon d'obtenir un plus gros compte est de multiplier leurs petits comptes rapidement. Parce qu'après, si leur compte est assez grand, ils peuvent quitter leur travail et se faire de l'argent uniquement grâce au trading. De ce fait, ils se mettent à chercher des stratégies de trading qui leur promettent des gains toujours plus importants. Ces stratégies sont souvent associées à de gros risques que ces traders ignorent complètement, alors ils foncent la tête la première dans cette aventure de trading risquée.

Cela résulte en la disparition de la plupart de ces comptes de 500 € au bout de 3 à 6 mois : les statistiques montrent que c'est le résultat le plus plausible. Si vous vous lancez dans le trading avec le besoin de faire grandir votre compte rapidement, vous ne dédierez votre énergie et votre attention qu'à cela. Cela veut dire que vous ne concentrerez pas votre énergie sur ce que vous êtes supposé faire en premier : devenir un bon trader, et donc, acquérir les bonnes habitudes de trading.

Même si vous avez beaucoup d'argent à disposition, je vous déconseille de tout transférer sur votre compte de trading. Vous êtes au début de votre carrière de trading et vous n'êtes sûrement pas en position de gérer cet argent efficacement et responsablement.

Il est sage d'apprendre le trading avec un petit compte de trading. Si vous avez 500 € ou moins à investir, je vois cela comme un avantage et non pas un frein. Je comprends que vous ayez le besoin de vous faire de l'argent rapidement, puisque je l'ai aussi eu lorsque je me suis lancé. Ce besoin m'a cependant amené à me concentrer sur la multiplication rapide de ce petit capital au lieu d'apprendre le métier.

On peut penser que 500 € ne vous mèneront nulle part. Toutefois, il est important d'apprendre à apprécier une petite somme et de la gérer avec responsabilité, comme si vous gériez 500 000 €. Il est, bien sûr, irresponsable d'utiliser l'effet de levier de manière disproportionnée comme le proposent malheureusement de nombreux courtiers. Avec 500 € vous pouvez par exemple investir 50 000 € avec de nombreux courtiers spécialisés dans le FOREX, mais ça ne veut pas dire que vous devriez.

Si j'en crois mon expérience, la plupart des débutants s'impliquent trop dans le marché. Par exemple, j'ai échangé plus de 200 000 € de capital avec juste 2 000 € dans sur mon compte de trading. Cela se traduit évidemment par beaucoup de stress et d'adrénaline. Même si certains individus sont à la recherche de ces sensations, cette technique de trading n'est pas professionnelle.

Au final, ces « traders » gardent beaucoup trop longtemps leurs positions perdantes et finissent par espérer que le marché va se retourner pour qu'ils puissent au moins s'en sortir indemne. Une vidéo bien connue circule sur Internet : elle met en scène un trader qui a laissé sa situation empirer jusqu'à atteindre - 30 000 €. Il n'arrivait pas à croire que le marché soit allé à l'encontre de ses prévisions. Cette vidéo est l'apothéose d'une approche non-professionnelle. Vous ne pouvez pas devenir un trader professionnel de cette façon.

En plus, la plupart des débutants ont des idées exagérées sur la façon d'obtenir des rendements sur les marchés. Vous pouvez, évidemment, vous faire 50% par mois voire plus. Toutefois, vous serez amené à prendre de gros risques pour parvenir à cela (sur-utilisation de l'effet de levier). Au final, cet effet levier peut se retourner contre vous. Cela se produit généralement par l'intermédiaire d'un trade catastrophique, comme celui de la vidéo mentionnée plus haut qui a détruit l'ensemble du compte du trader en quelques heures. Je parle par expérience personnelle.

Veuillez oublier l'idée de transformer 500 € en 50 000 € ou même 5 000 € en une courte période. Il existe plusieurs méthodes plus sûres pour faire grandir votre argent. Elles marchent parfaitement avec 500 € en poche. D'abord, ne vous attendez pas à des retours énormes. Au lieu de vous attendre à obtenir 50% par mois, vous devriez vous attendre à un revenu annuel de 20%. Si vous pouvez le faire, vous êtes bon.

Je sais que ça va sûrement décevoir quelques lecteurs quand je dis que faire un revenu de 1 à 2% par mois est considéré comme une performance au top. Néanmoins, ce sont vraiment des résultats au top, surtout si vous arrivez à les atteindre chaque mois.

Peut-être que vous avez l'impression de pouvoir gagner 1 000 € par mois avec un compte à 1 000 €. Je suis désolé de vous décevoir, mais de tels gains ne peuvent être obtenus qu'en prenant de gros risques, et alors les chances de réussite s'approchent de zéro au fil des mois. Sortez ça de votre tête ! Ca ne fonctionnera pas ! Si ce livre peut vous débarrasser de cette illusion, mon travail est déjà à moitié fini.

Je veux insister sur le fait qu'il existe des alternatives à ces attentes exagérées, qui sont beaucoup plus intéressantes et faciles. Vous pouvez réaliser votre rêve d'avoir, un jour, un gros compte de trading, mais le chemin pour l'atteindre est bien différent de ce à quoi vous pensez. Honnêtement, j'aurais aimé que quelqu'un me dise ça au début de ma carrière de trading. Cela m'aurait épargné plusieurs années d'essais futiles visant à multiplier mes mini comptes de trading. Bien sûr, vous pouvez collecter de l'expérience de cette manière. Toutefois, je peux vous transmettre ces expériences.

Qui suis-je ? Je suis un trader avec plus de 15 ans d'expérience sur les marchés financiers, j'ai été témoin de toutes les vicissitudes du business de trading. J'ai travaillé pour des hedge funds sur le marché des changes (FOREX) ainsi que pour des comptes gérés. Je connais cette industrie et ses ruses comme ma poche. J'ai été plusieurs fois témoin du malheur qui s'abattait sur les traders débutants qui foncent droit dans le mur avec leurs comptes de trading. Je sais ce que ça fait puisque ça m'est arrivé plusieurs fois !

Le problème ce n'est pas l'argent. Une personne peut se remettre d'une perte de 500 €. Vous avez gagné de l'expérience. L'affaire n'a pas marché, mais ce n'est pas un drame. Certains débutent avec un compte à 50 000 €, voire même 500 000 € et ils finissent par tout perdre au bout de 3 à 6 mois.

De ce fait, il est évident que le capital de départ ne compte pas. Commencer avec 500 € ou 50 000 € n'a pas d'importance. Quelque chose semble se dérouler de manière imprévue, cela ne dépend pas de la somme d'argent que vous possédez. Le désire d'agrandir votre capital rapidement semble vous amener à son opposé. Cela s'applique à au moins 95% des débutants. Je dois dire que c'est l'une des statistiques les plus tristes que je connaisse.

Imaginez que 95% des apprentis boulangers échouent dans leur formation parce que cuire des petits pains est trop difficile comme profession. Comme ce n'est pas le cas, cela prouve que les gens font bien les choses dans les boulangeries. Cuire du pain est une profession que vous apprenez, à condition que vous vous leviez tôt et que vous alliez suivre les instructions du « Maître Boulanger ».

Je vous assure donc qu'investir de l'argent n'est pas plus difficile que d'être boulanger. Toutefois, le prérequis c'est que le nouveau trader ait envie de se lever tôt (pas aussi tôt que l'apprenti boulanger quand même) et suivre les instructions du « Maître Boulanger ».

En ce qui concerne le trading, la première chose à prendre en note ce sont les instructions du « Maître Boulanger ». Malheureusement, cela n'arrive pas et c'est pour cela que les statistiques sont désastreuses lorsque l'on parle de la réussite dans le trading. C'est encore pire. Non seulement, les instructions du « Maître Boulanger » ne sont pas suivies, mais le « Maître Boulanger » n'existe même pas. La plupart des traders sont assis devant leurs ordinateurs tout seuls et s'amusent sur le marché comme bon leur semble.

Ce livre constitue donc les instructions du « Maître Boulanger ». C'est à vous de décider, cher lecteur, si vous en prenez note ou pas. Au moins le « Maître Boulanger » aura fait son devoir.

2. Comment acquérir les bonnes habitudes en Trading ?

Peu importe que vous débutiez votre carrière de trading avec 500 € ou 50 000 €. Je veux vous expliquer pourquoi dans mon livre. Le trading est une profession qui doit être apprise comme n'importe qu'elle profession. Vous devez d'abord apprendre les « bases ». En tant que boulanger, la meilleure façon de les apprendre est à travers les erreurs de débutant que vous faites en faisant cuire vos croissants. La même chose peut être dite à propos du trading : le meilleur serait de faire vos erreurs de débutant avec un petit compte de trading.

Je sais que certains traders professionnels vont s'indigner et vous dire que ce n'est pas comme ça que ça fonctionne. Je le recommande quand même. Bien sûr, vous pouvez essayer vos stratégies sur un compte d'essai, un compte avec de l'argent factif – plus communément appelé compte de démo. Toutefois, ne vous y attardez pas trop longtemps. Le trading commence seulement lorsque de l'argent réel rentre en jeu, même si cette somme est petite.

Je veux vous montrer deux chemins qui s'offrent à vous en tant que trader. Les deux ont leurs avantages et leurs inconvénients (comme tout le reste dans la vie), mais ce sont deux chemins bien réels qui vous permettront, un jour, de vivre de votre trading. Ces chemins sont même ouverts aux traders qui ne possèdent que des petits comptes de 500 € ou moins.

Bien que vous ne pouvez pas vous imaginer maintenant atteindre un compte de trading plus large, ayez confiance. Vous pouvez le faire.

La première façon consiste à rester un trader privé. Cela veut dire que vous devrez construire votre empire de trading avec votre propre argent. Les conditions requises et les manières d'atteindre ce but sont expliquées dans la première partie du livre (chapitre 2-6).

Dans la deuxième partie (chapitre 7-11), je vous suggère plusieurs façons de devenir un trader professionnel, c'est-à-dire un trader qui gagne sa vie en tradant avec des fonds de ses clients. C'est un chemin différent qui requiert, dans une certaine mesure, une préparation différente.

Néanmoins, les deux façons de procéder requièrent toutes deux une chose : votre implication durant la première période, afin que vous obteniez de bonnes habitudes de trading au lieu de vous concentrer sur la multiplication rapide de votre petit compte de trading. Sans les bonnes habitudes en trading, vous ne ferez jamais de profit en tant que trader. Vous ne pourrez être ni un trader privé, qui vit de ses résultats de trading, ni un trader professionnel qui vit des commissions de ses clients.

C'est le béaba du trading. De bonnes habitudes de trading sont les fondations de votre futur business en trading. Toute votre concentration du début doit être dirigée vers l'intention de devenir un bon trader. Après, l'argent suivra.

C'est un point de vue crucial (et plus professionnel) que vous devriez prendre au sérieux avant de vous lancer dans la profession. Lorsque vous avez une vision butée de cette profession, vos chances de réussite sont faibles et, par conséquent, vous empruntez un long chemin rempli d'obstacles comme ce fut le cas avec moi.

J'ai moi-même naturellement pensé que j'en savais assez et qu'un « apprentissage en boulangerie » serait superflu. Je veux vous montrer les trois habitudes les plus importantes pour un trader grâce à une petite expérience. De cette manière, vous saurez dans quoi vous vous lancez lorsque vous envisagerez d'exercer cette profession.

Pour commencer, je vous suggère d'effectuer 50 trades avec des paires de devises sur le FOREX, ou si vous n'avez pas accès aux devises, essayez avec des indices boursiers.

Voici les règles à suivre :

1. Choisissez n'importe quelle paire de devise.

2. Lancez une pièce. Si c'est pile, entrez en position longue (soit acheter la devise). Si c'est face, entrez en position courte (soit vendre la devise).

3. Insérez immédiatement un trailing stop à 20 pips de distance de la somme de départ.

4. Si après 5 minutes, la position est toujours perdante : fermez-là et passez au trade suivant.

5. Si après 5 minutes, la position est positive : ne faites rien. Laissez le trailing stop faire son travail.

6. Vous ne devriez avoir que 3 trades ouverts simultanément, sur trois paires de devises différentes.

7. Répétez le procédé jusqu'à avoir complété les 50 trades.

Un lecteur attentif peut repérer grâce à cette expérience les trois habitudes importantes des traders qui y étaient cachées. Je vous recommande de réaliser cette expérience : vous serez surpris par les résultats que vous pourriez obtenir, à condition de suivre les règles.

Par conséquent, nous avons déjà atteint l'habitude numéro une. Un bon trader suit les règles sans exception. Même si ça à l'air facile, plus de 95% des traders ne le font pas.

L'expérience peut paraître dénuée de sens puisqu'aucune attention n'a été portée à l'analyse des graphiques. De ce fait, vous ne perdez pas de temps pour trouver le point d'entrée en position. Sans compter que la raison pour laquelle un trade a été exécuté est complètement ignorée. De plus, j'ai laissé le hasard décider de la direction du trade (long ou court) grâce au lancer de pièce, comme si ce n'était pas important.

Il existe, toutefois, des lignes directrices claires en ce qui concerne les règles de sortie. En d'autres termes, un trader qui effectue cette « expérience » fait tout son possible pour minimiser les pertes. La règle des 5 minutes joue un rôle particulièrement important ici. C'est une bonne habitude pour les traders.

Si un trade ne fonctionne pas ou se déroule mal après une courte période, il n'y a aucune raison de s'attarder dessus. Cela peut paraître rigoureux, et ça l'est. Les bons traders sont intolérants lorsqu'ils perdent et ferment leurs positions sans hésiter.

C'est la règle d'or de la profession de trader : la préservation du capital est primordiale. Toutefois, vous préserverez peut être un capital encore plus important : votre psyché de trader.

Rester collé aux trades perdants détruit, à long terme, votre psyché de trader vous amenant, éventuellement, à la « paralysie de l'analyse ». Le trader se met alors à chercher inutilement un point d'entrée « idéal », même si tout le monde sait qu'il n'existe pas.

Soit vous êtes au bon endroit au bon moment en trading, soit vous ne l'êtes pas. Si vous ne l'êtes pas, sortez la tête de l'eau dès que possible.

Toutefois, le trailing stop dans ce genre d'expérience a un effet différent. Il s'assure que vous restiez dans une position le plus longtemps possible lorsque le trade est bénéfique. Encore une fois, il s'agit d'une bonne habitude de trading : gardez vos trades gagnants. Si vous pouvez le faire, vous vous différenciez de 95% des traders. Dans l'idéal, votre trade devrait durer jusqu'à vendredi après-midi. Toutefois, c'est peu probable car le trailing stop sera éventuellement atteint.

Néanmoins, c'est un exercice important : ne clôturez pas vos positions gagnantes trop tôt, mais essayez d'en tirer un maximum. Cela va en accord avec la règle d'or du trading : réduisez vos pertes et laissez courir vos profits. Mais 95% des traders font le contraire.

Je peux imaginer qu'il est difficile de clôturer un trade où la perte est minime après 5 minutes. Faites-le quand même. Je sais que vous allez dire : « Mais le trade pourrait devenir positif dans les prochaines minutes et je pourrais engranger un profit ! » Oui, cela peut arriver, et ça arrivera plusieurs fois…mais ça fait partie du métier de trader.

Ce qui est, toutefois, bien plus probable, c'est que le trade ne redevienne pas positif, mais qu'il dégringole complètement. C'est pour cela que je vous recommande de clôturer la position et de passer à un autre trade. Quand vous avez compris cela, vous avez pris une importante habitude : peu importe ce qui ce passe, vous n'acceptez plus les pertes…

En ce qui concerne les entrées, je ne veux pas être mal compris. Vous pouvez essayer, à travers des analyses de graphiques assidues, de sélectionner les points d'entrée de la manière la plus précise possible. Toutefois, j'aimerais profiter de cette opportunité pour vous avertir : en me basant sur mon expérience, l'importance de l'analyse est surestimée. De mon point de vue, les traders passent trop de temps à analyser les graphiques. C'est aussi pertinent que d'essayer de prédire le futur.

D'un autre côté, ils ne passent pas assez de temps à observer leur gestion des risques qui est à la base de leur échec. Je ne vais pas promouvoir le trailing stop. Cet instrument a ses avantages et aussi ses inconvénients dont je suis conscient. Avec les trailing stops, les trades sont souvent clôturés trop tôt à cause de contre-mouvements aléatoires même si la tendance reste intacte et qu'il n'y a aucune raison de quitter le trade.

Cette expérience permet de laisser le trailing stop décider quand les gains ont été réalisés. Dans certains cas, il sera sûrement trop tôt. Dans d'autres cas, cet outil vous permet de garder votre position pendant un long moment. C'est aussi une bonne habitude. Grâce à cette expérience, vous apprendrez les habitudes les plus importantes d'un trader professionnel. Vous apprendrez à suivre les règles, à clôturer les trades perdants aussi rapidement que possible et à conserver vos positions gagnantes.

Croyez-moi, vous n'avez pas besoin de bien plus. Si vous adoptez ces habitudes, vous appartiendrez un jour aux 5% des traders qui ont réussi sur les marchés.

Cette expérience peut être répétée à votre guise. Car, comme nous le savons tous, les habitudes sont l'une des choses les plus difficiles à changer. Essayez d'arrêter de fumer, si vous êtes un fumeur. Il existe des traders qui ont traîné de mauvaises habitudes pendant des années et qui après, se sont demandés pourquoi ils n'avaient pas de succès. On trouve parmi eux les traders dits professionnels. Il ne faut pas croire que tous les « professionnels » ont de bonnes habitudes, seulement ceux qui ont réussi les ont. Avec ces bases, j'aimerais maintenant vous montrer deux façons de devenir un trader discipliné, même si vous avez actuellement un petit capital de base.

3. Comment devenir un trader discipliné

Une fois que vous avez compris que les principes sont les mêmes pour tous les traders, que vous ayez 500 € ou 500 000 €, j'aimerais vous suggérer certaines façons de gagner votre vie grâce au trading sans jouer votre vie. Comme je l'ai mentionné, la plupart des débutants ont des idées fausses sur les revenus qui peuvent être obtenus grâce à la bourse. Les traders disciplinés et expérimentés génèrent 20 à 30% de profits par an. Pendant les bonnes années, cela peut parfois s'élever à 40 ou 50% : cela veut dire que les traders génèrent des revenus mensuels de 2 à 3%.

Ces revenus sont obtenus avec une gestion des risques raisonnable. La perte maximale du capital initiale reste souvent sous 15%. Si vous tradez un jour avec un compte de plusieurs centaines de milliers d'euros, vous aurez, je l'espère, acquis ce type de profil de risque.

Venons-en à votre compte à 500 €. J'espère que vous vous êtes rendu compte que vous ne pouvez pas gagner votre vie grâce à cette somme. Toutefois, ce que vous pouvez faire, comme les professionnels, c'est faire 20 à 30% de revenus annuels avec un Max Drawdown restant sous 15%. De cette manière, vous vous prouverez que vous êtes capable de trader. C'est la meilleure chose qui peut vous arriver.

Pour un compte à 500 €, seul le marché des changes, ou FOREX, est une option réaliste. De ce fait, partez à la recherche d'un courtier FOREX qui ne taxera pas vos transactions. Plusieurs professionnels ont été amenés à conclure, mathématiquement, qu'il n'était pas possible de trader avec un compte à 500 € car les commissions engloutiraient le compte à elles toutes seules. Sans même mentionner, une approche raisonnable de la gestion des risques nécessaire pour survivre.

Par exemple, prenons un trade sur la paire EUR/USD avec un mini lot (10 000 €). Cela a été, jusqu'à récemment, l'unité la plus petite que proposaient les courtiers. Si vous fixez votre stop à 50 pips de votre prix d'entrée, vous risquez 50 pips ou 50 $. A 500 €, c'est presque 10% de votre capital de trading ! Si vous perdez de cette façon 5 fois de suite, ce qui est fréquent, c'est la moitié de votre capital qui vient de voler en éclat. Si vous risquez 10% de votre capital par échange, vous n'êtes pas un trader : vous êtes un kamikaze !

La critique de ces mini comptes tient en deux arguments. Le premier : vous ne pouvez utiliser qu'une stratégie à la fois. De ce fait, vous êtes complètement dépendant des résultats de celle-ci. Vous ne pouvez pas diversifier. Le second : vous ne pouvez pas avoir une gestion des risques raisonnable en ayant une somme aussi petite sur votre compte, comme le montre cet exemple sur l'EUR/USD.

Nous pouvons nous considérer chanceux que les courtiers aient eu l'idée de proposer des micro lots aux clients. Ils représentent 1/10 d'un mini lot. De ce fait, vous ne tradez qu'avec 1 000 €.

Avec le même exemple, vous ne risqueriez que 5 € ou 1% de votre capital. Cette somme est bien plus proche d'une gestion des risques raisonnable pour les traders privés - même si je pense que 1% de risque par trade est encore trop élevé.

Il ne semble peut-être pas excitant de faire du trading discipliné avec 500 € pendant 12 mois et faire par conséquent un profit de 20%, soit 100 €. Toutefois, c'est exactement ce que vous devriez faire. Vous devriez apprendre à trader avec un petit compte comme si c'était un compte qui valait des millions d'euros. Pour cela, je recommande de tenir un journal de trading détaillé qui contient tous vos trades. Il est de plus très utile de faire des évaluations statistiques mensuelles ou hebdomadaires.

Comment tenir son journal de trading ? Je l'ai longuement expliqué dans mon livre « Comment évaluer mes résultats de trading ? » que vous pouvez trouver sur Amazon. Votre tâche est donc d'adopter une stratégie disciplinée sur le marché que vous avez sélectionné pendant au moins un an. Retenez bien que j'ai dit une stratégie, pas sept.

La plupart des traders débutants démarrent avec une stratégie. Si trop de pertes se présentent à eux, ils sont déçus et se débarrassent de leur stratégie pour en trouver une autre. Alors, le cycle recommence depuis le début. Ce comportement ne fait pas partie des bonnes habitudes du trader !

De ce fait, vous devriez garder la stratégie que vous avez choisie, quoi qu'il arrive. Et cela pour une simple raison. Si vous n'avez pas tradé avec une seule stratégie pendant un an, vous n'apprendrez pas celle-ci dans son intégrité. Chaque stratégie possède des phases de perte. Ça ne dépend pas de celle que vous choisissez, tant qu'elle vous rapporte quelque chose.

Comprendre ce seul fait va énormément vous discipliner. Si vous changez constamment de stratégie, vous n'aurez jamais le temps de vous connaître en tant que trader. Donc respectez votre choix une fois que celui-ci une fois fait. De plus, vous devriez garder un journal de trading détaillé, c'est-à-dire un suivi complet de vos trades. Un tel journal contient au moins les données suivantes :

- Date d'entrée : la date à laquelle vous avez ouvert votre position

- Nom de la paire FOREX que vous avez tradé : EUR/USD, USD/YEN…

- Prix d'entrée : le prix auquel vous avez acheté la paire (être long) ou vendu la paire (être court)

- Stop Loss : la perte maximale que vous êtes prêt à accepter

- Take Profit : l'objectif de prix que vous voulez atteindre avec votre trade

- Taille de la position : combien de lots vous avez acheté (micro, mini, normal)

- Date de sortie : la date à laquelle vous avez fermé votre position

- P/L (Profit/Loss) en pips : combien de pips avez-vous gagné/perdu

Vous pouvez bien-sûr ajouter plus de données, mais ce sont les plus importantes.

Pourquoi devriez faire ça ? Si vous collectez constamment ces données sur tous vos trades, vous allez avoir une quantité impressionnante d'informations sur votre trading, ce qui vaut plus que tous les livres sur le trading réunis. Vous pouvez découvrir par exemple que vous êtes plus performant en utilisant la vente à découvert (être short) qu'en achetant une paire de devises (ou être long). Si tel est le cas, ne serait-il pas une bonne idée de se spécialiser dans les ventes à découvert ? Saviez-vous que certains traders ne font que des ventes à découvert à 100% ? Ils font cela car ils savent, d'après leurs données, qu'être court est la meilleure chose pour eux. Par exemple, je suis un bon vendeur à découvert, mais un mauvais trader de positions longues.

Vous pourriez aussi remarquer que la plupart de vos pertes se concentrent sur certaines paires FOREX en particulier. Je suis moi-même mauvais sur le GBP/USD. C'est pourquoi j'évite cette paire la plupart du temps. A l'inverse, je suis bon sur le Franc Suisse (CHF) et sur l'USD/CAD. Je sais cela grâce à mon journal de trading. N'est-ce pas des informations importantes ?

À la fin de la semaine (ou du mois), vous devriez évaluer vos données de trading. J'ai montré le processus dans mon livre « Le scalping est amusant ! Partie 3 : Comment évaluer mes résultats de trading ? ».

Voici les chiffres clés pour vos statistiques :

- Nombre de transactions par semaine/mois/trimestre

- Nombre de trades gagnants

- Nombre de trades perdants

- Nombre de trades avec un P/L de 0

- Gain moyen

- Perte moyenne

- Taux de réussite (nombre de trades gagnants en pourcentage)

- Payoff ratio (vos trades sont-ils profitables ou pas - et à quel point ?)

- Expectancy (vos attentes concernant votre système de trading)

Les informations statistiques qui peuvent être trouvées dans votre journal de trading sont peut-être plus précieuses que les données de trading elles-mêmes. Elles montrent à quel point votre système est robuste. De plus, une telle évaluation montre aussi quels sont les points à changer pour optimiser votre système. Peut-être que vos pertes sont trop importantes et que vous devriez mettre le stop de protection plus près.

Peut-être que vous voulez toujours gagner (taux de réussite) et que vous ne prêtez pas attention à la taille de vos profits. Le trader, dont je décris la carrière en détail dans mon livre sur la Gestion des Risques, avait ce problème. Constamment maintenir un journal de trading appartient aussi aux bonnes habitudes de trading. Faites-le depuis le début de votre carrière, même si vous n'avez qu'un compte à 500 €.

4. Le conte de fée des intérêts composés

Avant de passer à la prochaine étape, nous devons parler de quelque chose qui hante plusieurs forums sur internet : l'histoire des intérêts composés, aussi appelés « la plus grande force sur terre ». C'est presque trop beau pour être vrai et beaucoup de traders pensent qu'il est possible de laisser leurs petits comptes croître en peu de temps grâce à l'effet des intérêts composés.

L'effet des intérêts composés ressemble à cela : imaginez avoir un capital de 1 000 $. Votre objectif (ambitieux) est de gagner en moyenne 10 pips par jour sur le FOREX.

L'affirmation est la suivante : Au jour 1, vous gagnez 10 pips et vous avez donc 1 010 $ sur votre compte. Au jour 2, vous gagnez encore 10 pips : vous avez désormais 1 020 $. Après 20 jours, vous êtes fier d'avoir gagné 220 $ sur votre compte. Après tout, cela représente 22% sur votre premier mois !

Vous avez éventuellement besoin de 70 jours pour doubler votre compte. Vous allez ensuite avoir 2 000 $ sur votre compte, à condition d'avoir gagné 10 pips par jour en moyenne et sans rien prélever sur votre compte.

Depuis que le capital « grandit » chaque mois, vous pouvez bien sûr risquer « un peu plus » chaque mois. Vous augmentez la taille de votre position en augmentant votre solde. Au premier mois, vous continuez d'investir avec un mini lot (10 000 $). Puisqu'après un mois vous avez 1200 $ sur votre compte, vous augmentez votre position jusqu'à 12 000 $.

Après deux mois, vous investissez avec 17 000 $, et ainsi de suite.

Peut-être n'êtes-vous toujours pas impressionné par ces chiffres. Si vous faites ça constamment dans les prochains mois, vous allez peut-être pouvoir témoigner de la puissance des intérêts composés. Si vous investissez d'une manière disciplinée, votre compte de trading sera à 24 000 $ après 12 mois. Si vous faites cela lors de la seconde année, vous pouvez détenir 500 000 $.

Vous ne devez ensuite trader « que » pendant trois mois jusqu'à ce que vous soyez millionnaire. Avec 10 pips par jour ! Pratique n'est-ce pas ? Vous pouvez faire le calcul vous-même, c'est vrai. Vous pouvez être millionnaire en 3 ans avec « seulement » 10 pips par jour.

Je sais que beaucoup de débutants sont impressionnés par l'histoire des intérêts composés lorsqu'ils l'entendent pour la première fois. Vous n'avez pas besoin d'être un génie en mathématiques pour comprendre ces calculs simples. L'espoir secret de beaucoup de débutants est d'être capable de réussir cela, grâce à leur habileté. Si vous y arrivez, appelez-moi ! Vous serez probablement le premier dans le monde.

Pourquoi est-ce que presque personne n'utilise cette technique ? Théoriquement, les calculs sont corrects, et je ne veux certainement pas dire que l'effet des intérêts composés ne marche pas. Ça marche en toute sécurité et, en principe, chaque trader investit avec une sorte d'effet d'intérêt composé.

Vous avez peut-être trouvé la source du problème. Dans ces calculs, il existe des « inconnues » qui n'ont pas été prises en compte. Les bonnes et les mauvaises habitudes de trading dont nous avons parlé y sont pour beaucoup.

Si vous avez initialement travaillé dur pour avoir de bonnes habitudes de trading, il y a une chance que vous puissiez découvrir l'effet des intérêts composés. Toutefois, dites au revoir à l'illusion de pouvoir trader et faire une moyenne de 10 pips par jours, ou si vous voulez, 50 pips par semaine, aussi désirable que cela puisse l'être.

La réalité ressemble plus à ça : en quelques semaines, vous ferez peut-être 36 ou 128 pips. Toutefois, la semaine d'après vous pourriez perdre 92 pips. De plus, la semaine suivante vous ne tradez pas, parce que vous devez rester au lit avec une grippe.

Vous allez avoir de bons jours ou de bonnes semaines, où vous allez obtenir de bons résultats, mais vous allez aussi découvrir de mauvaises semaines.

Un trader travaillant sur ses faiblesses (et sur ses forces) va surement progresser. Néanmoins, cela ne vient pas immédiatement. Parfois vous allez avoir l'impression que rien ne se produit pendant un long moment, et puis soudainement vous faites des progrès et vous tradez bien mieux qu'avant. Beaucoup de traders ont besoin de connaître la disparition de leur premier compte de trading à 500 €, voire de leur second, avant de connaître le succès. Vous ne devez pas avoir honte de ça. Plusieurs fois, j'ai moi-même ramené de petits comptes à 0 €. C'était, bien sûr, à cause d'un manque de discipline.

Après une telle débâcle, c'est souvent bien de faire une pause et de repenser votre stratégie. Vous n'imaginez à quel point vous allez mieux trader après une telle pause !

Avec plus de confiance, vous allez réussir à augmenter significativement un petit compte. Vous devriez au moins doubler votre compte, avant même de transférer plus d'argent sur votre compte. Rappelez-vous de ce qui a été dit dans la première partie sur les bonnes habitudes de trading.

5. Comment trader avec un compte à 500 € ?

Vous allez commencer à trader avec ce petit compte avec beaucoup de précautions. Bien sûr, cela dépend de votre stratégie, si vous risquez 50, 20 ou 10 pips par trade. L'exercice consiste principalement à préserver le capital. Si vous y arrivez, alors vous avez déjà accompli la première étape vers le succès. Bien sûr, votre compte grandira bien plus lentement de cette façon. Toutefois, n'oubliez pas : votre but ne doit pas être d'avoir plus de 500 € le plus tôt possible.

Pour le moment, vous devriez utiliser cette somme pour apprendre comment trader. Dans un premier temps, pour obtenir des rendements réguliers avec un risque gérable. Des retours de 2 à 3% par mois sont déjà exceptionnels, surtout lorsque les risques (Max Drawdown) restent en dessous de 10%. Apprenez-en davantage avec le chapitre sur le trading professionnel.

L'idée de faire croître un mini compte de 500 € à 1 000 000 € ou même 100 000 € grâce aux intérêts composés est une idée folle. C'est peu probable que vous réussissiez, et ce but va énormément vous surcharger. Vous allez encore prendre des risques trop importants afin d'y arriver. Vous voyez le dessin ?

Dans un premier temps, il faut que vous appreniez votre métier. Si possible, ne pensez pas à l'argent. Comme j'ai dit, 2 à 3% par mois c'est déjà bien. Imaginez : 2% sur un compte de 500 € est égal à 10 €. Soyons honnêtes : travaillez de manière disciplinée pendant un mois entier pour 10 € ? Ça ne va pas vous aider financièrement. J'espère que vous comprendrez l'absurdité de cette idée. Dites au revoir à cette idée de gagner de l'argent depuis ce petit capital.

Alors, n'est-ce pas complètement inutile de trader avec un compte de 500 € ? Non ça ne l'est pas !

Apprenez votre métier avec cette petite somme. Si vous êtes capable de faire grandir ce compte dans le temps sans prendre de grands risques, vous êtes capable de trader. Le trading est un tout un art et c'est un métier qui nécessite du temps pour l'apprendre. La moitié d'une année est une période plutôt courte. Généralement, la courbe d'apprentissage de la plupart des traders est bien plus longue.

N'essayez pas de vous faire de l'argent avec un compte à 500 €. Cette période d'essai ne sert qu'à apprendre le métier. Il existe une seconde approche qui a du sens. Certains traders avec de petits comptes essayent de gagner 10 € par jour. C'est un objectif faisable, n'est-ce pas ?

Vous pouvez dire « 10 € par jour ? C'est une blague ? C'est un jeu d'enfant ! » Peut-être. Toutefois, pouvez-vous gagner 10 € sans risquer plus de 10 €, et ce chaque jour ? C'est un objectif de prix, pas forcément 10 pips. Donc, ne commencez pas en disant : « je dois gagner 200 € par jour, pour ensuite avoir 4 000 € sur mon compte de trading à la fin du mois ».

Il s'avère que 4 000 € est la somme dont les gens ont besoin pour payer leurs factures. En d'autres termes, ils ont besoin de cet argent. Donc, ils doivent réussir pour atteindre cet objectif. Vous comprenez ? Ils font ça parce qu'ils en ont besoin. De plus, si cela ne fonctionne pas, ils se seront mis dans de beaux draps…

En faisant cela, ils se mettent la pression. Ils finissent par trop investir, prendre trop de risques, ou alors trader avec un effet de levier trop important. Je pense que vous savez ce qu'il va se passer ensuite. Quelqu'un sous pression va éventuellement échouer. C'est exactement ce qui se passe lorsque vous entendez parler d'une perte spectaculaire sur les marchés. Je suis moi-même tombé plusieurs fois dans ce piège, et je peux vous dire que ce n'était pas mes plus beaux jours.

D'un autre côté, les traders qui sont prêts à trader pour seulement 10 € en moyenne par jour se sont imposés un objectif raisonnable. Ils ne sont pas sous pression de devoir gagner leur vie avec. 10 € par jour avec un indice ou sur le FOREX est faisable. Ce trader devrait atteindre son objectif régulièrement. Ainsi, il se conditionne pour réussir. Le succès est donc quelque chose de léger…aucun effort extraordinaire n'est requis.

10 € par jour comme objectif quotidien fait 200 € par mois, après 20 jours de trading. Cela semble être une somme d'argent insignifiante, mais vous savez combien d'argent sur votre compte bancaire vous devez détenir pour récupérer 200 € d'intérêt – notamment avec les taux d'intérêts si bas d'aujourd'hui ? Prenons par exemple un simple compte sur le marché monétaire à 3 mois de maturité. Vous auriez besoin de 1 million euros !

Donc, si vous pouvez « gagner » 10 € sur les marchés financiers d'une façon journalière, ce serait comme si vous aviez

1 million sur votre compte. Vous pouvez voir que cet objectif n'est pas modeste.

Vous imaginez bien qu'un trader qui se vante de cette « réussite », trouvera plus tard des moyens d'investir de plus grosses sommes avec la même facilité. Et il ou elle le fera.

Certes, avec 200 € en plus par mois vous n'allez pas changer votre situation financière. Toutefois, il est vital de faire des profits dans tous les cas. Vous allez voir à quel point c'est satisfaisant de finir un mois de trading dans le vert. Vous avez l'impression d'avoir fait quelque chose, ce qui est le cas. Il est important de souligner que pour les personnes n'étant pas actives sur les marchés financiers, 200 € représente une somme ridicule pour laquelle ils ne sont pas prêts à se lever le matin. Pour vous, c'est la preuve que vous avez complété avec succès votre apprentissage dans la « boulangerie » des investissements. Vous avez obtenus de bonnes habitudes de trading et c'est ce qui compte.

Il existe une autre raison pour laquelle je ne suis pas un grand fan des effets des intérêts composés : il est nécessaire de se récompenser de temps en temps. Les traders malins le font. Si vous avez, par exemple, investi d'une manière disciplinée et que vous avez généré beaucoup de profits pour la semaine, prenez une partie de ce gain pour vous et faites-en quelque chose. Peut-être une soirée au cinéma avec votre bien aimée ? L'important est de sentir qu'on se récompense. Cela signale à votre subconscient : « Bien joué ! Continue comme ça ! ». Ça vaut le coup.

Personne ne laisse tout son argent disponible sur un compte de trading de 500 € jusqu'à 1 million. Ce n'est pas nécessaire et c'est une idée folle. Les effets des intérêts composés se produisent à certains moments, mais pas toujours comme vous pouvez le penser. Chaque trader est différent, se finance différemment et possède différentes ressources (pas seulement concernant l'argent, mais aussi le temps). Parfois vous aurez l'impression que ça peut aller vite, mais vous pouvez aussi passer par des périodes où vos stratégies ne marchent pas aussi bien.

Beaucoup de traders veulent faire une pause de quelques mois après avoir beaucoup perdu de manière consécutive. Certains ne reviennent qu'après un an avec de nouvelles idées. Ils sont peut-être allés faire des séminaires ou alors ils ont lu un livre qui a changé leur perception des marchés. Ainsi, ils appréhende les marchés avec une nouvelle approche, une nouvelle vigueur.

Donc vous voyez : la courbe d'apprentissage n'est pas aussi tranquille que vous pouvez le penser. Il existe des fractures, des pauses et des interruptions. Le succès en lui-même n'est pas linéaire. Il y a des fois où vous avez cette impression de ne jamais réussir, et puis il y a soudainement un progrès. Un petit changement dans vos habitudes ou une astuce d'un professionnel expérimenté peut provoquer cela. Ça vient par vagues, et les vagues repartent en arrière occasionnellement. Si vous êtes capable de générer des revenus réguliers, vous devriez penser à investir avec de plus grosses sommes. À partir d'ici, il y a deux possibilités.

Vous pouvez décider de devenir un trader professionnel et investir avec l'argent de vos clients. Je vous explique tout dans le chapitre 8. Vous pouvez aussi décider de rester un trader privé, tout en investissant qu'à temps partiel en continuant de travailler à côté. Peu importe ce que vous décidez, essayez de faire vos investissements comme s'il s'agissait d'un business. Même si votre business ne donne que peu d'argent et que vous n'investissez qu'avec de très petites sommes, essayez d'investir comme si vous aviez un capital de 1 million. Cette profession dépend fortement de votre attitude intérieure. Plus vous faites cela sérieusement, plus rapidement une porte s'ouvrira à vous afin que vous puissiez réaliser vos rêves.

Si vous avez réussi à devenir un bon trader, des portes vont s'ouvrir à vous. Des personnes peuvent venir vous voir pour vous offrir de l'argent à investir. Devez-vous accepter cet argent ou pas ? Ça c'est un autre problème. Vous devriez décider seulement après avoir attentivement analysé la situation. Et le sérieux dont nous avons parlé joue beaucoup dans cette situation. Tant que vous n'êtes pas un trader discipliné qui connait son métier, vous ne devriez jamais vous occuper de l'argent venant d'autres personnes. J'espère que cela va de soi.

Cela peut même se produire si un fonds d'investissement vous appelle. Cela m'est arrivé une fois. Ce fond était en difficulté et cherchait désespérément un trader étant capable de générer quelques retours positifs pour ses clients. Rien d'autre ne marchait. J'ai commencé à investir et j'ai rapidement généré des profits pour le fond. Néanmoins, le management n'en a tiré aucune leçon. Tous les problèmes sont survenus à cause du système de trading automatique que le fond utilisait. Cela n'a fait que jeter de l'argent par les fenêtres.

Donc je suis venu travailler un matin et j'ai commencé à trader avec les comptes des clients avec succès, mais la direction était tellement convaincue de l'efficacité de leur système de trading automatique qu'ils l'ont fait marcher pendant la nuit. Les profits que j'avais gagnés pendant la journée ont été anéantis par les robots. Pouvez-vous imaginer une situation plus absurde ? Croyez-moi, même avec des soi-disant professionnels, ça peut parfois déraper. Le talent sera toujours exigé et recherché. Maintenant vous comprenez pourquoi vous devez apprendre dans un premier temps comment investir d'une manière disciplinée. Ces personnes savent que vous n'avez pas 5 millions à investir. Si c'est le cas, vous ne seriez pas intéressé par l'emploi.

Il peut arriver d'avoir de l'argent avec lequel vous n'avez pas investi. Lorsque vous êtes prêt et que vous sentez pouvoir gérer ce montant d'une manière responsable, vous pouvez oser.

Cependant, faites attention : ne mettez pas l'intégralité de la somme sur votre compte de trading. Vous allez probablement le faire, mais je vous l'aurai au moins déconseillé.

C'est le cas le plus courant. La plupart des traders que je connais investissent avec leur propre argent. Gérer l'argent d'autres personnes augmente considérablement le stress. Pouvez-vous y faire face et rester performant ?

Peut-être qu'un jour vous allez hériter d'une somme d'argent. C'est possible. Devriez-vous accepter l'argent de vos proches ? Honnêtement, je ne vous le conseille pas. Si quelqu'un vous donne de l'argent et vous dit « Je m'en fiche si tu le dépenses ou si tu le fais croître », alors vous devriez réfléchir avant de prendre l'argent. De mon expérience, la plupart de mes proches ne disent pas ce genre de phrases. Ils regardent plutôt votre « nouvelle activité » de trading d'un œil critique, ou alors vous donnent l'argent avec certaines attentes. Je serais prudent, parce que personne ne sait si vous allez pouvoir satisfaire ces attentes.

6. Le Trading Social

Le Trading Social est une bonne alternative pour les traders qui ont peu de moyens. J'ai pu tester cela moi-même et je ne peux que le recommander à des traders très ambitieux. Certains de ces sites fonctionnent désormais très professionnellement, et sont bien plus transparents que n'importe quel fond d'investissement ou gestionnaire d'actifs. Ces dernières années, il y a eu une petite révolution dans le monde de la gestion d'actifs et j'espère que cette « démocratisation » de la gestion d'actifs va continuer à se développer pour que plus de personnes sur cette terre puissent en bénéficier.

C'est précisément ici que les bonnes habitudes et les investissements disciplinés sont fortement recherchés. Tous vos investissements et leurs évaluations statistiques, ainsi que vos coûts, sont totalement transparents pour le monde entier. Pouvez-vous imaginer ça : vous investissez et tout le monde regarde ? C'est pourtant ce qui se passe avec le Trading Social.

Les plateformes de Trading Social ne sont pas plus que des sites internet qui rassemblent tous les traders et les investisseurs potentiels. Les investisseurs ont l'argent et les traders ont l'habileté de faire croître cet argent. Bien évidemment, il existe des classements et l'investisseur peut ainsi choisir ses traders. Il les sélectionne peut-être par rapport à leur style de trading, ou encore par leur comportement discipliné, ou la façon dont le trader obtient ses rendements et le faible niveau de risque associé. En tout cas, les investisseurs intelligents font ça.

De plus, les gestionnaires d'actifs professionnels ont un œil sur le Trading Social et déterminent s'ils vont y investir une partie des dépôts de leurs clients. N'est-ce pas incroyable ? C'est définitivement une opportunité fantastique pour un trader ambitieux ! Désormais, vous comprenez pourquoi vous devez d'abord apprendre à investir de manière responsable et disciplinée avec votre compte de 500 € ? Si vous pouvez faire ça, vous pouvez commencer tranquillement à utiliser une des plateformes de Trading Social.

Cela vous donnera un compte avec de « l'argent fictif » que vous pouvez investir. Si vos résultats sont bons, vous aurez construit après quelques mois un bon *track-record*, et vous pourrez bientôt avoir vos premiers clients et donc gagner de l'argent. Les modèles pour gagner de l'argent sont cependant différents, vous devez avoir cela en tête, parce que ça va déterminer la somme que vous allez gagner avec vos investissements.

Nous allons maintenant observer le modèle de compensation d'une plateforme de Trading Social en détail. Cela fonctionne généralement avec un ou plusieurs courtiers. Ces courtiers sont généralement appelés IB ou *Introducing Brokers*, c'est à dire que ce courtier connecte ses clients et ce que l'on appelle un « *prime broker* » - à savoir l'endroit où des transactions vont avoir lieu. Ce sont généralement des institutions bien connues comme JP Morgan, Crédit Suisse, Deutsche Bank etc.

La plupart des *Introducing Brokers* dans le trading ont donc une connexion avec un prime broker. Ils ne sont pas intéressés par les petits comptes. L'*Introducing Brokers* effectue donc cette tâche. Ces maisons sont familières avec la plupart des investisseurs privés. Maintenant, regardons la chaîne alimentaire complète d'une plateforme de Trading Social :

1. Prime Broker

2. Introducing Broker

3. Gestion d'actifs

4. Plateforme de Trading Social

5. Trader

Vous voyez, beaucoup de personnes prennent une part de gâteau si le trader effectue une transaction. C'est aussi la raison principale pour laquelle les spreads dans le Trading Social sont généralement plus élevés que si vous ouvrez simplement un compte avec un *Introducing Broker*. Attendez-vous à 2-3 pips pour le spread sur l'EUR/USD, soit deux ou trois fois plus que d'habitude. C'est aussi la raison pour laquelle le Scalping pur dans le Trading Social ne fonctionne pas. Les conditions ne sont pas réunies. Trop de personnes gagnent de l'argent sur le spread.

Toutefois, si vous avez développé une stratégie de Day Trading ou de Swing Trading qui génère beaucoup de revenus, vous gagnerez aussi de l'argent avec ce modèle. En fonction du modèle, vous allez généralement être payé par lot standard généré. En tant que débutant, vous pourrez initialement gagner 1 €, une fois que vous avez généré un lot standard (100 000 €) de volume de transaction. Cela ne parait pas beaucoup, mais si vous faites cela 20 fois par jour, cela peut devenir un revenu correct.

Si, en faisant des bons investissements, vous parvenez à atteindre les niveaux les plus hauts, vous pouvez gagner 5 € par lot. Lorsque vous en arrivez là, en général, vous pourrez vivre aisément de votre trading. Vous ne pouvez réussir que si vous pouvez offrir une valeur ajoutée (de bons rendements) à vos clients, et si vous n'investissez pas pour générer stupidement le plus d'argent possible sur vos commissions.

Ainsi, ayez une conversation avec le management de la plateforme de Trading Social. Ces personnes seront capables de vous aider de par leur expérience sur la façon dont vous pouvez équilibrer le meilleur nombres de trades avec le meilleur potentiel de gain pour vous. Les commissions sont donc une excellente manière de gagner votre vie en tant que trader. Vous devez être capable de payer vos factures et vos dépenses. C'est surtout vrai lorsque les choses ne vont pas bien pour vos investissements, ou si vous êtes dans une période dans laquelle vous perdez plus que vous ne gagnez.

Si vous investissez uniquement avec votre propre argent, vous n'allez rien gagner lors de cette période, ce qui peut vous stresser. Toutefois, si vous êtes connecté à une plateforme de Trading Social, vous gagnerez toujours sur les transactions que vous effectuez. Si vous avez déjà satisfait des clients, ils ne partiront pas directement si les choses ne marchent pas bien pendant un temps, si le *drawdown* reste dans les limites du raisonnable. Donc, si vous devenez un « trader social », vous pouvez vous concentrer sur votre travail de trader et ne pas vous occuper des clients. Cela changera, si vous devez un jour décider d'investir pour un gestionnaire d'actifs professionnel.

Certains « Traders Sociaux » gagnent des sommes à cinq chiffres mensuellement. Pour eux, le rêve d'une carrière de trading a déjà été réalisé. Les prérequis sont, comme toujours, un rendement positif avec des risques gérables, prédictibles. Chaque plateforme offre les outils nécessaires pour calculer votre gestion du risque. Vous pouvez donc déterminer votre taux de risque avant de commencer à construire votre *track-record*. Je vous recommande fortement de penser à ça un bout de temps.

Les traders génèrent 20 à 30% sur une base annuelle avec un Max Drawdown de 10% ou 15% ont plus de chances que les traders ayant 70% de rendements, mais prenant des risques de 45%. La raison est simple : généralement les petits investisseurs sont attirés par les gros retours. L'investisseur privé pense aux rendements importants, synonymes d'appréciation rapide du capital. Les petits investisseurs ont tendance à rester moins longtemps avec un « trader social » que des investisseurs importants.

En revanche, le professionnel ne va regarder que les risques. Il se demande, « Combien de pertes peuvent être attendues au maximum lorsque je confie les fonds de mon client à ce trader? ». Ainsi, le trader avec une gestion du risque plus disciplinée et plus serrée va recevoir les plus gros comptes. Ils offrent par conséquent plus de capital avec lequel investir, et avoir plus de capital vous permet d'avoir une plus grande part des commissions en tant que trader.

7. Parlez à votre courtier

Si vous n'aimez pas le Trading Social, il existe bien sûr plusieurs autres façons d'obtenir les fonds de clients. L'une des manières les plus directes est votre courtier qui connaît beaucoup de personnes avec de l'argent. C'est le métier d'un courtier de trouver ces personnes. Si vous voulez gérer l'argent des clients avec votre système d'investissement ou votre stratégie, vous devez d'abord envisager d'avoir une conversation avec votre courtier.

Même si votre courtier devrait être dédié uniquement aux clients privés, ça peut valoir le coup de parler avec lui. Il possède une infinité de contacts. Si vous êtes un client actif avec lui, il sera toujours attentif. Il est préférable de prendre rendez-vous avec lui. Mieux encore, l'inviter à dîner. C'est incroyable tout ce que les gens peuvent vous confier lorsque vous leur faites une faveur.

Voici une autre raison pour laquelle vous devriez parler à votre courtier avant de commencer à investir : si vous avez prévu un jour d'investir les fonds de vos clients, vous devez être capable de démontrer que vous pouvez le faire. Cela veut dire que vous devez présenter votre *track-record* pour « construire votre crédibilité ». Sans crédibilité, vous aurez du mal à être accepté pour un entretien.

Une certification peut faire l'affaire, cela peut être fait de différentes façons. Vous pouvez aller voir un notaire ou vous pouvez même effectuer une vérification par l'une des entreprises bien connues comme KPMG ou Deloitte. Toutefois, je doute que vous puissiez faire cela avec votre compte de 500 €. Sans oublier les frais d'un tel audit.

C'est bien plus simple de demander à votre courtier, qui archive vos trades dans tous les cas, d'authentifier vos résultats d'une manière ou d'une autre. Cette certification n'est pas aussi reconnue que celle d'un notaire ou d'un auditeur, mais c'est déjà une preuve vérifiée par un tiers. Désormais, vous pouvez approcher en toute sécurité un gestionnaire d'actifs avec ces documents, bien que davantage de tests soient nécessaires.

Vous pouvez aussi obtenir une authentification si vous archivez vos trades via la plateforme myfxbook.com. Cette plateforme est désormais bien connue et beaucoup de traders y ont construit des *track-records* impressionnants. Ne sous-estimez pas d'excellents *track-records* sur une plateforme de Trading Social. Le Trading Social est une bonne manière pour les traders de se faire connaître et de se distinguer les uns des autres.

Plusieurs courtiers possèdent eux-mêmes un gestionnaire d'actif interne. Cela fait partie de leur business, même s'il ne s'agit que d'une petite partie. Vous trouverez ça sous le nom de « comptes gérés ». De plus, vous pourriez être surpris de la médiocrité de ces gestionnaires professionnels. Donc, ne vous laissez pas intimider par les mots « professionnel » ou « gestionnaire d'actifs ». Derrière ces noms, vous trouverez trop souvent un trader avec les mêmes problèmes que vous. Souvent certains courtiers laissent même leurs comptes gérés fonctionner tout seul, même s'ils savent qu'ils ne sont pas très bons.

Vous vous demandez certainement pourquoi ? Et bien tant qu'au moins un client participe au programme, ce « gestionnaire d'actifs » entraînera des frais ou des commissions. Grâce à ça, le courtier fera toujours de l'argent peu importe la façon dont son « gestionnaire d'actifs » agit.

Qui sait, peut-être que vous êtes celui qui fera renaître cette branche de votre courtier. Si vous lui offrez une stratégie intéressante, qui est différente de celles existantes, votre courtier y jettera sûrement un coup d'œil. Ce n'est pas difficile. Après tout, vous êtes son client. Il a une vue intégrale de votre historique d'investissement. Il sait exactement si vous savez vous débrouiller ou pas. Les modèles de rémunération peuvent être très différents. Tout comme dans le Trading Social, le courtier va probablement vous offrir une part de la commission ou du Spread.

Le pourcentage que vous allez recevoir dépend de vos compétences en trading, tout est possible, vous pouvez même obtenir jusqu'à 50%. Toutefois, rappelez-vous que vous êtes celui qui fait le travail et celui qui crée de la valeur ajoutée. Ne vous vendez pas trop bon marché.

Si votre courtier ne vous offre pas un compte géré, vous devriez chercher un autre courtier. Une simple recherche sur Google fera l'affaire. Entrez le terme « comptes gérés », et vous pourrez choisir plusieurs gestionnaires d'actifs dans la liste. D'autres, peuvent être de purs gestionnaires d'actifs que vous ne connaissiez peut-être pas. Ces maisons (et leurs sites internet) peuvent sembler très cachés et discrets. Cela ne vous empêche pas de les appeler et de leur demander les conditions pour trader avec eux. La pire chose qui puisse vous arriver est qu'ils refusent votre demande poliment et qu'ils n'ont pas besoin de vous pour le moment.

Toutefois, vous ne devriez pas vous attendre à être accueilli les bras ouverts. Ces emplois sont très demandés et il y a beaucoup de compétition. Encore une fois, les mêmes règles partout : seul les traders disciplinés ayant de bonnes habitudes ont une chance de rentrer dans l'action. S'il y a une « preuve sociale » de vos compétences dans le Trading Social, vous pouvez dire que les professionnels peuvent vous considérer comme une entreprise de gestion d'actifs. Vous allez voir ici si vous avez pris de bonnes habitudes dès le début avec votre compte à 500 €, et si vous maîtrisez votre métier. Bien que cela soit excellent, et que vous vous démarquez de 95% des traders classiques, ce n'est généralement pas suffisant pour être trader dans une entreprise de gestion d'actifs.

La gestion d'actifs n'a pas qu'un seul trader qui gère les fonds du client mais généralement plusieurs. Dans les années récentes, bien sûr, de plus en plus de systèmes de trading automatisés n'ayant pas besoin d'être payés ni d'avoir une assurance santé, ont pris leurs jobs. Si un gestionnaire d'actifs a le choix entre un excellent système de trading et un mauvais trader, le choix n'est pas très dur.

Simplement, cela veut dire que vous devez avoir quelque chose de spécial à offrir - de préférence, quelque chose qu'ils n'ont pas déjà. Imaginons que vous ayez développé un bon système de Day Trading sur l'EUR/USD, basé sur les supports et les résistances, qui atteint de bons résultats et avec un faible *drawdown*. C'est bien mais le gestionnaire d'actifs en question possède déjà deux traders qui travaillent sur le marché du FOREX, et peut-être même un système automatique. Quelle serait votre valeur ajoutée à l'entreprise ?

Essayez donc d'offrir quelque chose qui surprend. Y a-t-il un secteur dans lequel vous êtes le seul expert ? Ça ne doit pas être toujours sur le marché des changes ou des *Futures*. Peut-être que vous êtes un spécialiste des actions mongoles : vous possédez alors des connaissances importantes et précises que vous pouvez exploiter lorsque vous approchez un gestionnaire d'actifs.

Je ne connais pas le nombre exact d'actions mongoles ni leurs capitalisations boursières. C'est bien, si vous pouvez investir dans ces actions avec votre compte de 500 € en achetant 50 actions à chaque fois. Mais pouvez-vous aussi utiliser votre stratégie si vous devez trader 50 000 actions à Oulan Bator sans trop de *slippage* (c'est-à-dire que le trader obtient un prix légèrement pire que celui qu'il souhaite par manque de liquidité) ?

Vous devez être capable de répondre à cette question très facilement. Donc, la vraie question est de savoir si « votre business est exploitable à grande échelle » ? C'est par la réponse à cette question que le gestionnaire d'actifs va être intéressé. Pour finir, ils doivent vendre le produit « Investir dans les actions mongoles » à leurs clients potentiels.

Vous voyez, c'est facile. Votre produit doit être envisageable, et pas qu'en petite quantité. Le produit doit aussi être compréhensible pour un client intéressé. Si le client doit d'abord apprendre le Mongolien…Vous voyez ce que je veux dire.

C'est ainsi que l'on peut y voir encore une fois les avantages du Trading Social. Lorsque vous faites du Trading Social vous êtes anonyme et vous ne connaissez pas vos clients. Vous n'avez aucun contact avec eux. Ce n'est pas désirable et c'est généralement mieux, vous vous concentrez entièrement sur vos investissements.

Mais si vous passez du côté institutionnel et que vous offrez des comptes gérés, vous allez devoir expliquer à un client qui veut investir 250 000 € où est située la Mongolie dans le monde et pourquoi c'est un marché intéressant.

8. Comment devenir un trader profession-nel ?

La décision de devenir un trader professionnel peut ne pas venir tout de suite, cela viendra certainement à force de vous entraîner. Toutefois, ne pensez pas avoir besoin de devenir sur-compétent pour y arriver ou d'obtenir des rendements phénoménaux pour en être « digne ». Dans le monde de la gestion d'actifs et des fonds d'investissements, les lois sont complètement différentes du monde des investisseurs privés. Il est donc bien d'être raisonnablement préparé à ce qui vous attend.

Il existe plusieurs façons de devenir un trader professionnel. Croyez-moi, le hasard et un peu de chance peuvent faire l'affaire. Néanmoins, même cette carrière peut être planifiée et menée à bien avec succès comme n'importe quel autre métier. Voilà une chose à savoir dès le début. Si vous êtes sur le point d'investir avec de plus grands comptes avec l'argent des clients, dites adieu à votre idée de faire cela avec le Scalping. Cette stratégie de trading fonctionne bien avec des petits comptes ou si vous restez un investisseur privé et vous pouvez le faire avec le courtier de votre choix.

Si vous choisissez de devenir un gestionnaire d'actifs professionnel, vous ne pouvez pas choisir votre courtier. Donc, vous allez devoir faire face à des conditions que vous n'allez pas forcément apprécier. Ça ne vous aide pas à vous plaindre si vous obtenez un Spread de deux pips sur l'EUR/USD, ou si vous êtes régulièrement confronté à des exécutions partielles ou du *slippage*. Généralement, vous ne pouvez pas changer ça. Donc, préparez-vous à créer une stratégie d'investissement qui fonctionne sur une période plus longue (graphiques horaire, 4 heures ou journalier). Un compte de 1 million d'euros n'est pas comme un compte de 500 €.

En tout cas, c'est toujours une bonne idée de construire un bon *track-record*. Bien sûr, cela doit se faire sur un compte réel. Essayez d'investir d'une matière disciplinée pendant au moins un an. Essayez de mettre en place une gestion des risques conservatrice. Cela veut dire que vous devez faire tout ce qui est possible pour que votre Max Drawdown soit à 10%. Si possible, moins de 5%. Si vous pouvez générer un revenu annuel de 12-15% avec un *drawdown* inférieur à 5%, il y a des chances que des professionnels étudient sérieusement vos *track-records*. Un journal de trading concis, avec des analyses statistiques détaillées est essentiel. Si vous ne pouvez pas dire lors de votre entretien quel est votre Payoff ratio, vous aurez des ennuis.

La raison est très simple. Un gestionnaire d'actifs ne fait rien de plus que de vendre des produits. Vous pouvez un jour devenir un de ses produits financiers, avec votre système d'investissement robuste. Bien sûr, les clients sont avares et veulent les rendements les plus importants possibles. Toutefois, si vous demandez calmement au client quels risques il est prêt à prendre pour pouvoir atteindre autant de rendements, le client sera moins confiant. Il n'aime évidemment pas les variations excessives sur son compte.

C'est pourquoi les gestionnaires d'actifs sont intéressés par des systèmes et des traders pouvant répondre à ces besoins.

C'est donc très important d'avoir une courbe de capital peu volatile, avec de faibles fluctuations. Les traders produisant un rendement « ennuyeux » de 12% par an sans aucune variation importante sur leur *equity curve* ont bien plus de chances d'obtenir un emploi plutôt que les nombreux traders extravagants ayant 100% de rendements par an. Les traders qui réussissent pendant une longue période ne sont pas, en soi, ceux avec les meilleurs rendements. Les professionnels accomplis travaillent sans presque aucun levier.

L'état d'esprit d'un professionnel est donc différemment de celui des investisseurs privés. Les investisseurs privés veulent les plus hauts rendements possibles. Le professionnel cherche surtout à trouver comment le rendement est atteint. Si le rendement a été atteint en prenant de grands risques, il ne sera probablement pas intéressé par votre produit.

N'oubliez pas : le professionnel doit vendre cette stratégie ! Si la volatilité de la courbe du capital est faible et que le trader à son *drawdown* sous contrôle, alors un tel produit peut facilement être vendu à un client important. Par ailleurs, vous pouvez toujours utiliser un effet de levier sur un tel produit conservateur. Alors, 12% de revenus annuels deviendraient 24% ou même 36%.

Si vous avez vos *track-records* certifiés par votre courtier, ne vous attendez pas à avoir un compte de 1 million immédiatement. Selon le gestionnaire d'actifs, vous pouvez être demandé à ouvrir vous-même un compte chez le courtier de la maison et investir avec pendant 3 mois avec votre stratégie. Si vous réussissez, vous pourrez obtenir un second entretien avec la direction. Si vous vous êtes bien débrouillé jusqu'à maintenant, ils peuvent vous offrir un compte de 25 000 € ou de 50 000 € à investir.

J'espère que vous vous êtes rendu compte que vous n'allez pas gagner votre vie avec ce capital, car cela prendrait au moins dix fois ce montant pour se faire. Toutefois, cela pourrait arriver plus vite que vous ne le pensez, si la direction est satisfaite de vos performances.

Si vous êtes allé assez loin pour pouvoir investir avec un compte à 300 000 € d'une manière disciplinée, alors vous êtes déjà très proche d'atteindre vos rêves. Chaque entreprise de gestion d'actifs à sa propre idée de la façon dont un nouveau trader doit se développer. Aussi, n'oubliez pas la pression psychologique que vous allez devoir subir. Acheter 5 lots standards sur une paire de devise et acheter 5 mini-lots n'est pas la même chose. Ce sont ce genre d'« obstacles » auxquels vous aurez à faire face, si vous voulez devenir un professionnel un jour.

9. Faire du trading pour un fond d'investissement

Concernant les fonds d'investissement, je vais faire court. Il est possible d'obtenir un emploi avec un fond d'investissement, bien que ce soit difficile. Les plus grands livres de trading sont désormais gérés par des machines. Les fonds d'investissement sont donc devenus « pointilleux ». Ils ne donneront pas un emploi à « monsieur tout le monde » ne fournissant pas des performances exceptionnelles. C'est encore plus difficile pour les traders spécialisés dans le trading des devises. Le processus est désormais grandement automatisé.

De plus, les régulateurs interviennent dans le processus. Après les récents scandales autour de la manipulation des taux de change, dans lesquelles certaines grandes banques commerciales sont impliquées, les autorités veulent voir le trading « discrétionnaire » être restreint. Même si vous avez fait de très bonnes performances sur le FOREX et que vous pouvez montrer des *track-records* exceptionnels, vous allez probablement trouver cela difficile d'en arriver là. Ce n'est pas impossible, mais les chances sont faibles.

Ajouter à ça le fait que vous aurez du mal à trouver un emploi sans un diplôme universitaire. Les fonds d'investissement préfèrent donner un emploi à un diplômé avec un MBA ou autre. De plus en plus de traders sont en compétition avec un doctorat en statistiques ou en mathématiques puisque que les finances et les mathématiques deviennent de plus en plus importants dans l'industrie. Pouvez-vous rivaliser avec ces personnes ?

10. Apprenez à créer votre réseau professionnel

Cela devient maintenant évident que ce n'est pas suffisant de maitriser votre métier - comment souvent dans la vie. Cela revient souvent aux personnes que vous connaissez, si vous voulez avoir au moins la chance d'être convoqué pour un entretien. Je peux dire de mon expérience personnelle que dans cette industrie, la plupart des portes se sont ouvertes pour moi parce que je connaissais telle ou telle personne. J'ai eu une conversation avec eux lors d'un salon du trading, ou alors je m'asseyais avec un petit groupe après une conférence et j'ai rencontré plusieurs personnes de cette façon.

Si vous avez quelque chose à dire d'intéressant à un trader ou un professionnel dans l'industrie de la finance, vous allez toujours trouver une personne prête à vous écouter. Cela ne vous offre pas un travail, mais l'un de vos contacts peut vous aider à atteindre ce but. Bien que toute l'industrie du trading se soit beaucoup numérisée, elle reste toujours dirigée par de vraies personnes. Les personnes veulent de l'attention, elles veulent être comprises et mises en valeur par les autres. N'oubliez jamais ça.

En ligne, vous pouvez aussi commencer à créer des réseaux, bien que d'après mon expérience, il est bien plus efficace de rencontrer quelqu'un en personne. Néanmoins, créer vos réseaux en ligne est un complément à vos contacts personnels et cela vous assure que les personnes étant un jour intéressées par vous, peuvent toujours vous suivre. Ce n'est pas une mauvaise idée d'apporter une contribution intéressante de temps en temps. Cela peut être une analyse intéressante d'une action ou d'une paire de devise. Cela peut aussi être un point de vue original sur la politique monétaire actuelle d'une banque centrale. Ce n'est pas une exigence, mais ça aide à améliorer votre crédibilité dans l'industrie.

Si vous voulez mettre un pied dans le secteur financier, vous avez besoin d'un profil sur le réseau d'entreprise LinkedIn. Ce réseau est le plus grand et vous y trouverez généralement toutes les personnes que vous rencontrez aux salons de trading ou aux conférences. Même si votre courtier est représenté ici, tout comme les gestionnaires de fonds d'investissement et les gestionnaires d'actifs. Donc, sortez et restez en contact avec ces personnes.

Il n'y a aucun problème à demander de l'aide à certains de vos contacts, même si vous ne cherchez pas un emploi. Mieux vaut que vos contacts soient qualifiés. Vous ne savez jamais de quel côté votre prochaine carrière viendra.

11. Devenez un trader professionnel en 7 étapes

1. Apprenez à investir et à avoir dès le début de bonnes habitudes. Assistez à des séminaires ou des ateliers. Lisez des livres sur le trading. Gagnez de l'expérience.

2. Travaillez sur une stratégie de trading qui vous convienne. Cela peut être quelque chose de très simple, mais ne visez pas le scalping dans un premier temps.

3. Prenez un courtier acceptant d'authentifier votre *track-record*. Si votre courtier actuel refuse ou vous donne une réponse vague, vous pouvez chercher un nouveau courtier.

4. Tradez pendant 1 an avec votre stratégie sans changement. Gérez votre risque de façon conservatrice : essayez de garder votre Max Drawdown à moins de 10%. Vous pouvez faire du Day Trading, mais travaillez avec des stops qui sont bien plus loin. Tradez de façon à ce que vous puissiez facilement appliquer cette stratégie même avec 10 millions.

5. Commencez à créer votre réseau immédiatement. Faites-vous des contacts dans l'industrie du trading. Allez à des salons. Parlez aux managers financiers et aux gestionnaires d'actifs. Demandez quelles sont les conditions que les nouveaux traders doivent respecter pour investir pour leur maison.

6. Approchez une variété d'entreprises de gestion d'actifs en cherchant à investir les fonds des clients. Commencez petit et faites votre chemin vers le haut.

7. Restez en contact avec les autres gestionnaires d'actifs ou de fonds d'investissement. Même si vous avez actuellement un travail, vous ne savez pas si vous allez le garder l'année prochaine. Continuez d'avancer.

12. 500 € représente beaucoup d'argent

Même si vous ne pouvez pas imaginer aujourd'hui que vous pouvez devenir un trader important avec un compte de 500 €, il existe de nombreuses sommes d'argent qui sont disponibles dans le monde. Elles n'attendent plus que d'être investies d'une manière disciplinée et de croître. Il y a plus d'argent disponible que d'opportunités d'investissement. Ne vous limitez pas parce que cet argent n'est pas actuellement disponible dans votre compte en banque. Cela peut changer. Toutefois, ne faites pas l'erreur de vouloir transformer ces 500 € en 5 millions. Allez-y doucement. Apprenez d'abord comment devenir un bon trader. L'argent devrait suivre – pas l'inverse.

Par-dessus tout, vous devriez apprendre à apprécier ce que vous avez. Si vous avez 500 € à investir, alors faites comme si ces 500 € en étaient 500 000 €. Beaucoup trop de traders commencent en faisant l'inverse. Ils perdent le peu qu'ils ont. Ce petit capital n'est pas petit : c'est exactement le montant dont vous avez besoin désormais. Si vous utilisez cette somme d'une manière responsable, alors l'univers vous fournira de bien plus grandes sommes sous peu. Vous savez, c'est infini et il n'y a pas de limite.

Bonne chance !

Heikin Ashi Trader

Vous pouvez me contacter à l'adresse email suivante :
pdevaere@yahoo.de

Glossaire

Acheter ou être long : l'achat d'un titre comme une action, une matière première ou une devise, en attendant que le titre prenne de la valeur.

Compte démo : il s'agit d'un compte avec de l'argent virtuel, ce qui permet aux investisseurs de faire des trades fictifs de façon à devenir familier avec la plateforme.

Compté géré : un produit de gestion d'investissement pour les individus à hauts revenus basé sur les commissions.

Courtier : une société qui charge des frais ou des commissions pour exécuter un ordre de vente ou d'achat soumis par un investisseur.

Day Trading : une stratégie de trading avec laquelle les traders clôturent toutes leurs positions avant que le marché ne ferme – ces traders n'ont plus aucune position du jour au lendemain (*overnight*).

Drawdown : la perte maximale en valeur jusqu'à ré-obtenir la valeur originale.

Expectancy : le montant qu'un système de trading prévoit de gagner ou de perdre par euro de risque.

FOREX : le marché dans lequel des devises sont échangées.

Gestion du risque : un processus en deux étapes qui détermine quels sont les risques dans un investissement et comment gérer ces risques d'une façon qui convient le mieux aux objectifs d'investissement des investisseurs.

Intérêts composés : on peut les définir comme un « intérêt sur un intérêt ». Ils feront en sorte que les dépôts et les emprunts grandissent beaucoup plus rapidement qu'un simple intérêt, qui est calculé par le montant principal.

Levier : l'utilisation de nombreux instruments financiers ou de capital emprunté pour augmenter le rendement potentiel d'un investissement.

Lot : la quantité standardisée d'un instrument financier comme déterminée par une bourse ou un organisme de réglementation similaire.

Mini Lot : un lot sur les devises qui fait 1/10 de la taille du lot standard de 100 000 unités.

Paire de devises : deux monnaies, ayant un taux de change, qui sont échangées sur le marché du FOREX.

Payoff Ratio : montant moyen des gains du trade en euro divisé par le montant moyen des pertes du trade en euro.

Pip : le plus petit changement de prix qu'un taux de change donné peut faire.

Scalping : une stratégie de trading qui cherche à faire beaucoup de profits sur des petits changements de prix.

Seuil de rentabilité : le point auquel les gains sont égaux aux pertes.

Swing Trading : un style de trading qui cherche à capturer les gains d'une action ou d'un autre produit financier entre 1 et 4 jours.

Trading Social : le processus par lequel les investisseurs financiers en ligne dépendent du contenu financier généré par les utilisateurs.

Track-record : les dernières performances d'un trader dans son intégralité.

Trailing Stop : un ordre de stop qui peut être défini à un pourcentage précis loin du prix de marché actuel du titre.

Vendre ou être court : la vente d'un titre emprunté comme une action, une matière première ou une devise, en attendant que le titre perde de la valeur.

Volatilité : le montant des risques ou de l'incertitude sur la taille du changement de la valeur d'un titre.

Autres livres par Heikin Ashi Trader

Comment scalper avec le Future Mini-DAX ?

Grâce à l'introduction du Future Mini-DAX (FDXM), les traders privés avec un petit compte peuvent avoir l'opportunité de scalper de façon professionnelle l'indice boursier allemand, le DAX. Contrairement à la plupart des autres instruments financiers, les Futures sont les plus transparents et les plus efficaces pour se faire de l'argent sur les marchés financiers.

Les Scalpeurs ont beaucoup plus d'opportunités de trading que les Traders de position ou les Day Traders, ce qui constitue la vraie force de ce style de trading. Un Scalpeur doit donc organiser ses capitaux bien plus efficacement que tous les participants du marché et ainsi obtenir des rendements bien meilleurs que les autres.

Heikin Ashi Trader montre dans ce livre comment scalper ce nouveau Future sur le DAX. Vous apprendrez comment entrer en position, comment gérer votre position et à quel moment vous devez sortir du marché. De plus, ce livre contient un grand nombre d'astuces et d'outils pour rendre votre trading encore plus efficace et plus précis.

Sommaire

Plus De Livres Par Heikin Ashi Trader

À Propos De L'auteur

À propos de l'auteur

Le trader Heikin Ashi est reconnu dans le monde entier comme le spécialiste du scalping avec le tableau Heikin Ashi. Il pratique ce type de trading depuis 19 ans. Il a négocié pour un fonds spéculatif et s'est ensuite lancé dans les affaires pour son propre compte en tant que trader. Son livre sur le scalping " Scalping is Fun ! "est un best-seller international et a été vendu plus de 30 000 fois. Vous pouvez trouver plus d'informations sur sa méthode de scalping sur ce site www.heikinashitrader.net.

Impression

First edition, January 2018

The information presented herein represents the view of the author as of the date of publication. This book is presented for informational and entertainment purposes only. Due to the rate at which economic and cultural conditions change, the author reserves the right to alter and update his opinions based on new conditions. While every attempt has been made to verify the information in this book, neither the author nor his affiliates/partners assume any responsability for errors, inaccuracies, or omissions. At no time shall the information contained herein be constructed as professional, investment, tax, accounting, legal or medical advice. This book does not constitute a recommendation or a warrant of suitability for any particular business, industry, website, security, portfolio of securities, transaction, or investment strategy.

Published by:

Splendid Island Ltd

Rua Correia Teles, 28 A

1350-100 - Lisbon

Portugal